D1669872

ŞİMDİ OKULLU OLDUK

Yazan: ELİF ÇİFTÇİ YILMAZ

Resimleyen: EDA ERTEKİN TOKSÖZ

FLOKİ
ÇocuK

Melis ile Ege çok heyecanlıydı. Bugün anneleri ile okula kayıt yaptırmaya gideceklerdi. Hep birlikte yola çıktılar. Yolda giderken Ege, "Ben okuldan çok korkuyorum!" dedi.

Melis, "Korkmana gerek yok ki..." dedi.
"Orada okuma yazma öğreneceğiz."

Ege'nin annesi de "Ve daha birçok şey öğrenecek, yeni arkadaşlarınız olacak." dedi.

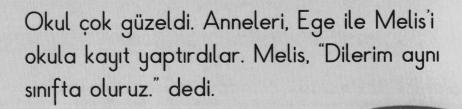

Okul çok güzeldi. Anneleri, Ege ile Melis'i okula kayıt yaptırdılar. Melis, "Dilerim aynı sınıfta oluruz." dedi.

Hep birlikte okul için alışveriş yaptılar. Defterler, kalemler, beslenme çantası, suluk ve çanta aldılar. Annesi Melis'e renkli tokalar da aldı.

Eve dönünce okul için aldıkları malzemeleri incelediler. Melis'in annesi, "Çocuklar, eşyalarınıza etiket yapıştıralım. Etiketlere de isimlerinizi yazalım." dedi.

Melis ve Ege o gece heyecandan uyuyamadılar. Sabah olunca da erkenden kalktılar.

Ege, okul kıyafetlerini giydi.

Annesi seslendi: "Ege, kahvaltın hazır!"

Ege, "Anneciğim, canım bir şey yemek istemiyor." dedi.

Annesi, "Okulda başarılı olmak istiyorsan, her sabah kahvaltını yapmalısın." dedi. Bunu duyan Ege hemen kahvaltısını bitirdi.

Melis de kahvaltıdan sonra giyindi. Annesi yeni aldıkları kırmızı tokalarla saçlarını topladı.

Melis, okula gitmeden önce dedesine sarılıp sordu: "Okuldan bizi sen alır mısın?"

Dedesi, "Tabii ki alırım güzel torunum." dedi.

Melis ile Ege anneleri ile beraber okula geldiler. Bütün çocuklar bahçede toplanmıştı. Her sınıfın öğrencisi anons ediliyordu. İki arkadaş isimleri okununca, "Yaşasın, ikimiz de aynı sınıftayız!" dedi.

Melis ile Ege, sınıf arkadaşlarıyla sıraya girdiler. "İstiklal Marşı" okundu. Bütün çocuklar sırayla sınıflarına girdi. Sınıflarına giren iki arkadaş yan yana oturdu.

Tüm sınıf çok şaşkın ve heyecanlıydı. Aynur öğretmen, "Merhaba çocuklar, ben öğretmeniniz Aynur. Birlikte bu sınıfta hoşça vakit geçireceğiz. Şimdi, bana kendinizi tanıtır mısınız?" dedi.

Herkes sırayla kendisini tanıttı.

Aynur öğretmen, "Evet çocuklar, yazın neler yaptınız? Söz almak isteyen parmak kaldırsın." dedi.

Melis heyecanla söz aldı. Çantasından fotoğraf günlüğünü çıkardı. Ege ile birlikte fotoğraf günlüklerindeki fotoğrafları yeni arkadaşlarına gösterdiler.

Son ders birlikte şarkılar söylediler. Zil çalınca herkes üzüldü.

Aynur öğretmen, "Üzülmeyin, artık hep birlikteyiz. Yarın görüşürüz çocuklar!" dedi.

Ahmet Dede okulun bahçesinde bekliyordu. "İlk gününüz nasıldı çocuklar?" diye sordu.

İkisi aynı anda cevap verdi: "Çok eğlenceliydi!"

Melis, dedesiyle öğretmenini tanıştırdı. Ahmet Dede, iki arkadaşın öğretmenleri ile fotoğrafını çekti.

Ege ile Melis, bu ilk gün hatırasını da fotoğraf günlüklerine yapıştırdılar.

Başladılar şarkı söylemeye.

Haydi, onlar ile birlikte sen de söyle!

OKULLAR AÇILDI!

Okullar açıldı.
İlk ders zili çaldı.
Öğrenciler şaşkındı.
Ne güzel bir heyecandı.
Öğreneceğiz sayıları,
Toplamayı, çıkarmayı.
Öğreneceğiz harfleri,
Kitapları okumayı.
Öğreneceğiz kalem tutmayı,
Yazılar yazmayı.
Öğreneceğiz hayatı.
İyi insan olmayı.